AMISTAD

Espacio para Mensaje Personalizado

Amistad: Un Poema de Agradecimiento

COLECCIÓN DE POESÍA I

Escrito por Macarena Luz Bianchi

Diseñado por Zonia Iqbal

Para recibir un libro electrónico gratis, contenido exclusivo, más maravillas, bienestar y sabiduría, suscríbete al boletín *Lighthearted Living* en MacarenaLuzB.com y mira sus otros poemas, libros y proyectos.

ISBN: Tapa Dura: 978-1-954489-53-0 | Tapa Blanda: 978-1-954489-45-5

Imprint

Spark Social, Inc. es una imprenta en Miami, FL, USA, SparkSocialPress.com

Información sobre pedidos: Hay licencias disponibles, libros personalizados y descuentos especiales en las compras de cantidades. Para más detalles, póngase en contacto con la editorial info@sparksocialpress.com.

AMISTAD

Un Poema de Agradecimiento

COLECCIÓN DE POESÍA I

Macarena Luz Bianchi

Imprint
Spark Social Press

¡Amigos de por vida en una sólida
amistad de diversión!

Nos relajamos, somos tontos
y nos levantamos unos a otros.

Rebeldes, vistos y comprendidos,
pase lo que pase.

Disponibles inmediatamente
con sonrisas indispensables.

Alentadores y solidarios,
con consejos que dan fuerza.

Conversaciones nutritivas con las que podemos contar para un empujón o una risa.

Absoluta confianza,
¡qué fantástica amistad!

Santuario para las tonterías y
la camaradería.

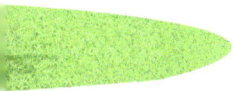

Felices y saludables con libertad.

Inseparables y conectados sin importar la distancia, el tiempo y el espacio.

Complacido y orgulloso de
nuestra genuina amistad.

Agradezco que seas mi confidente,
mi compañero y mi amigo.

F.R.I.E.N.D.S.H.I.P.

A POEM OF APPRECIATION

Friends for life in a solid friendship of fun! We chillax, are silly, and
lift each other up.

Reveling rebels, seen and understood, no matter what.

Immediately available with indispensable smiles.

Encouraging and supportive with empowering advice.

Nourishing conversations we can count on for a nudge or a laugh.

Delightfully trusting, what a fantastic friendship to have!

Sanctuary for nonsense and camaraderie.

Happy and healthy with leeway and liberty.

Inseparable and connected regardless of distance, time, and
space.

Pleased and proud of our genuine friendship. I appreciate you are
my confidant, my cohort, my friend. ⚘

AMISTAD
UN POEMA DE AGRADECIMIENTO

¡Amigos de por vida en una sólida amistad de diversión! Nos relajamos, somos tontos y nos levantamos unos a otros.

Rebeldes, vistos y comprendidos, pase lo que pase.

Disponibles inmediatamente con sonrisas indispensables.

Alentadores y solidarios, con consejos que dan fuerza.

Conversaciones nutritivas con las que podemos contar para un empujón o una risa.

Absoluta confianza, ¡qué fantástica amistad!

Santuario para las tonterías y la camaradería.

Felices y saludables con libertad.

Inseparables y conectados sin importar la distancia, el tiempo y el espacio.

Complacido y orgulloso de nuestra genuina amistad.

Agradezco que seas mi confidente, mi compañero y mi amigo.

¡Gracias!

Inspírate & Mantente Conectado

Para recibir un libro electrónico gratis, contenido exclusivo, más maravillas, bienestar y sabiduría, suscríbete al boletín *Lighthearted Living* en MacarenaLuzB.com y mira sus otros poemas, libros y proyectos. ✨

Agradezco tus Comentarios

Si te gusta este libro, revísalo para ayudar a otros a descubrirlo. Si tienes algún otro comentario, déjanos saber en info@macarenaluzb.com o en la página de contacto en MacarenaLuzB.com. Nos encantaría saber de ti y saber qué temas deseas en los próximos libros. 🌻

Sobre la Autora

Macarena Luz Bianchi tiene un enfoque alegre y empoderador y sus lectores la consideran cariñosamente como Hada Madrina. Más allá de su colección de libros de regalo y poemas, también escribe guiones, ficción y no ficción para adultos y niños. Le encanta el té, las flores y los viajes.

Suscríbete a su boletín *Lighthearted Living* para obtener un libro electrónico gratuito y contenido exclusivo en MacarenaLuzB.com y síguela en las redes sociales. 💖

Macarena Luz Bianchi

Libros de Regalo

COLECCIÓN DE POESÍA I

- *Asombrosa Mamá: Un Poema de Agradecimiento*
- *Enhorabuena: Un Poema de Triunfo*
- *Feliz Aniversario: Un Poema de Afecto*
- *Feliz Cumpleaños: Un Poema de Celebración*
- *Feliz Graduación: Un Poema de Logros*
- *Intimidad: Un Poema de Adoración*
- *La Amistad: Un Poema de Apreciación*
- *La Gratitud Es: Un Poema de Empoderamiento*
- *Mejórate Pronto: Un Poema de Acompañamiento*
- *Querido Papá: Un Poema de Admiración*
- *Ser Extraordinario: Un Poema de Autoestima*
- *Simpatía: Un Poema de Consuelo*
- *Valentín: Un Poema de Amor*

También disponibles para niños y adolescentes.
Versión en inglés: Gift Book Series.

www.ingramcontent.com/pod-product-compliance
Lightning Source LLC
Chambersburg PA
CBHW042335030426

42335CB00027B/3345